QUICK GUIDE TO MORE VENEZUELAN SPANISH

LANGUAGE BABEL, INC.

PRESENTATION

In this second book on Venezuelan Spanish
you will find more than 500 new words and
phrases used regularly by Venezuelans. Used in
combination with the original **Quick Guide to
Venezuelan Spanish** you will have more than
1,000 terms to lead you to fluency in Venezuelan
Spanish.

Each term has been defined in English and
synonyms and antonyms are included when
available. Most entries include example
sentences. Each entry is presented as follows:

> **de pinga:** 1) fine, alright 2) a nice
> person
> SYN: 1) excelente, bueno 2) buena
> persona
> ANT: 1) malo, aburrido 2) persona
> antipática o desagradable
> ✐ *1) La fiesta estuvo de pinga, la
> pasamos muy bien. 2) Karina es de
> pinga, nos trata de lo mejor.*

Abbreviations and Symbols:
SYN: synonyms or similar words
ANT: antonyms
✐ example sentence

PRESENTACIÓN

En este segundo libro de vocabulario de Venezuela encontrarás más de 500 nuevas palabras y frases utilizadas regularmente por los venezolanos. Con esta recopilación y el primer libro, **Quick Guide to Venezuelan Spanish**, tendrás más de 1,000 términos que te ayudarán a conocer el español coloquial de este país.

Cada término ha sido definido en inglés y, en la mayoría de los casos, se han incluído sinónimos, antónimos. Casi todas las entradas incluyen una oración como ejemplo de uso. Las entradas están presentadas de la siguiente manera:

> **de pinga:** 1) fine, alright 2) a nice person
> SYN: 1) excelente, bueno 2) buena persona
> ANT: 1) malo, aburrido 2) persona antipática o desagradable
> ✏ *1) La fiesta estuvo de pinga, la pasamos muy bien. 2) Karina es de pinga, nos trata de lo mejor.*

Abreviaturas y símbolos:
SYN: sinónimos o palabras similares
ANT: antónimos
✏ Oración de ejemplo

MORE SPANISH WORDS & PHRASES FROM VENEZUELA

A

a la machimberra: mediocre
✐ *Los obreros hicieron el trabajo a la machimberra, quedó malísimo.*

a muchacho barrigón, ni que lo fajen chiquito: you cannot straighten a crooked tree, means you can't fix someone that's a bad person
SYN: árbol que nace torcido, no hay quien lo enderece

a pie del cañon: to be ready to fight for a cause, an idea or a territory
✐ *Yo siempre estoy al pie del cañón si se meten con mi familia.*

acabar: to ejaculate, cum
✐ *Él siempre acaba muy rápido, es un eyaculador precoz.*

acemita: round sweet bread
✐ *Deme cinco acemitas y tres canillas por favor.*

achante: 1) a party for teenagers (usually aged 13-16), held in the afternoon 2) a state of laziness that stops somebody from doing something productive
SYN: 1) matiné 2) flojera, pereza
ANT: 2) ánimo
✐ *1) Luis se fue a un achante y se rascó. 2) El muchacho tenía un achante tan grande, que no se paró de la cama en todo el día.*

ácido: a sarcastic person
SYN: sarcástico, desagradable, antipático
✐ *Mija, hoy estás como ácida.*

acusar: to betray, tell on

9

✐ *Te voy a acusar con tu mamá por haberme roto la ventana.*

adeco: a follower of the Venezuelan political party Acción Democrática
✐ *Carlos es adeco hasta la muerte, siempre le ha sido fiel al partido.*

agarrado: cheap
✐ *Ese tipo es muy agarrado, no le presta dinero ni a su mamá.*

agarrar idea: to identify a person as a negative influence or just as a bad person
SYN: hacerle la cruz a alguien
✐ *Mi hijo le agarró idea a la maestra porque lo humilló frente a sus compañeros.*

agarró su cachachá y se fue: he packed his stuff and left

✐ *Mi hija estaba tan horrorizada con el hampa, que agarró su cachachá y se fue a vivir a Estados Unidos.*

agua: an alert voice to indicate that a police officer is coming, when people shout "*agua*" they hide any evidence of something illegal to avoid problems with the police.
✐ *¡Agua! Recoge todo que vienen los tombos.*

aguado: 1) non-enthusiastic person, a dull person 2) very soft, watery consistency 3) a boring situation
SYN: 1) apagado 2) claro 3) aburrido
ANT: 1) entusiasta 2) denso 3) animado
✐ *1) Él es muy aguado, nunca tiene ganas de divertirse. 2) Este café está muy aguado, a*

mí me gusta más cargado. 3) La fiesta estuvo muy aguada, la gente estaba aburrida y se fueron temprano.

aguajero: someone who makes a fuss
✐ *Andrés es muy aguajero, apenas camina un trecho y ya empieza a quejarse porque está muy cansado.*

¡aguántalo ahí!: a stop command for bus drivers in order to give the passengers a chance to get in
SYN: párate, espérate
✐ *¡Aguántalo ahí que vienen cinco!*

aguarapado: used for brownish-greenish eye color
✐ *Tus ojos no son marrrones ni verdes, son más bien aguarapados.*

¡ah mundo!: what a shame!

SYN: ¡qué pena!, ¡qué vaina!, ¡qué chimbo!
✐ *¡Ah mundo! Perdió la Vino Tinto.*

ahora sí es verdad que se montó la gata en la batea: we're in real trouble now
SYN: ¡Lo que faltaba!
✐ *Terminó con el novio y se dio cuenta de que estaba embarazada. Ahora sí es verdad que se montó la gata en la batea.*

al caletre: to learn something by memorizing it
✐ *Tienes que aprenderte las tablas de multiplicar al caletre, es la única forma.*

alpargata: an artisanal shoe made of a rustic fiber used by country people
✐ *Los campesinos usan alpargatas como calzado.*

ALPARGATA

AMOROCHADO

amañarse: to get used to something, to a place or to someone
SYN: acostumbrarse
✐ *¿Y ya usted se amañó a la ciudad?*

amapuche: hug, tender physical affection
SYN: cariño, caricia, abrazo
✐ *Cuando Luisito me dio la tarjeta hecha por él mismo, le di un amapuche: lo abracé y lo besé.*

amorochado: close, together, cheek to cheek
✐ *A Cristina le encanta estar amorochada con su papá.*

amotinado: to not be compliant, reluctant
SYN: rebelde, oposicionista
ANT: sumiso, obediente, complaciente
✐ *Bernardo está amotinado y no quiere seguir participando en el grupo.*

amuñuñar: 1) to squeeze or hug 2) to stuff something in, to fill it up
SYN: 1) apretar o abrazar a alguien cariñosamente
2) embutir algo descuidadamente
✐ *1) Estaban los dos hermanos durmiendo amuñuñados. 2) No amuñuñes la ropa en*

las gavetas, porque se va a arrugar.

AMUÑUÑAR

anda a lavarte ese culo: buzz off, screw off, fuck off
SYN: vete a la mierda/al carajo
✐ *¿Qué quieres terminar conmigo? ¡Anda a lavarte ese culo!*

antiparabólico: a person who remains undisturbed by external circumstances
✐ *No, él no se preocupa para nada, él es antiparabólico.*

Apamate: tall tree that blooms once a year with beautiful lilac, pink or white flowers

✐ *La avenida estaba bellísima con todos los Apamates en flor.*

apendejeado: a person that reacts slowly to any circumstance
SYN: despistado, ahuevoneado
ANT: pila, avispado, pendiente
✐ *A la chama le están robando la cartera y no hace nada. Está como apendejeada.*

apretado: strict, stern
ANT: flexible, permisivo
✐ *El nuevo gerente es apretado y no nos pasa una.*

ARAGUANEY

Araguaney: Venezuelan national

13

tree

📝 *El Araguaney es el árbol nacional de Venezuela.*

arepera: a restaurant specializing in arepas

📝 *Las areperas donde se comen las mejores arepas de Caracas están en Las Mercedes.*

argolla: 1) earring in the shape of a loop 2) fag

📝 *1) Voy a usar unas argollas como accesorio. 2) Ay, yo creo que ese tipo es argolla, mira como se queda viendo a Luis.*

ARGOLLA

arrechera: to be in a very bad mood
SYN: calentera, bravura, estar

molesto

📝 *Tengo una arrechera tan grande que no me provoca ni comer.*

arrecho: 1) angry 2) brave 3) inconsiderate 4) awesome
SYN: 1) enfadado 2) osado 3) desconsiderado 4) estupendo
ANT: 1) plácido 2) prudente 3) considerado 4) terrible

📝 *1) Estoy arrecho porque me dijiste mentiras. 2) Esa mujer si es arrecha, mira como defiende a sus hijos. 3) Tú si eres arrecho, de entrar sin tocar. 3) El concierto estuvo arrechísimo, nos encantó.*

arrecostarse: to lay down on a comfortable surface to rest a bit

📝 *Arrecuéstate aquí en el sofá para que*

se te pase el dolor de cabeza.

arrejunte: common-law partner
🖉 Se fue de la casa con su arrejunte.

arrimado: a person who lives in someone else's home without paying rent
🖉 La pareja está viviendo arrimada en casa de los padres de ella.

arrugar: to quit, to backtrack
🖉 ¿Vas a arrugar? ¿Entonces no vas a cumplir tu palabra?

ASQUEROSITO

asquerosito: a hot dog from a street vendor
SYN: perro caliente
🖉 Dame un asquerosito con todo, mi pana.

atacón: a person who often makes open sexual advances to other people
SYN: don Juan
🖉 Hilario es muy atacón y se llega a poner fastidioso.

atajaperros: a disturbing moment, usually when there is a fight or when many people participate in a heated discussion
SYN: alboroto, bochinche
🖉 Se formó un atajaperros en la cola del metro.

atore: impatience
🖉 Deja el atore, que ya la comida va a estar lista.

atraco: 1) robbery 2) a very attractive person 3) something that is so expensive people compare it with a robbery
🖉 1) La policía frustró

el atraco. 2) Esa mujer es un atraco, todos voltean a verla. 3) El MP3 cuesta tres millones. Eso es un atraco.

autoperiquitos: a car accessories store
✐ *Los rines los puedes conseguir en la tienda de autoperiquitos.*

avión: sharp, quick-witted, alert, usually applied to people who react quickly to other's intentions or to any situation
SYN: pilas, despierto, avispado
ANT: despabilado, ahuevoneado, tonto
✐ *Jorge es un avión, no hay manera de engañarlo.*

¡ay vale!: an expression to discredit someone's sexuality, like "well now"
✐ *¡Ay vale! ¿tu como que eres marico?*

B

baba: 1) drool 2) a variety of small alligator
✐ *1) Al abuelo se le cae la baba con la nueva nieta, está encantado. 2) El hábitat natural de las babas son los ríos, caños y lagunas de las zonas calientes.*

bachillerato: high school
✐ *En Venezuela el bachillerato dura cinco años.*

bajar de la mula: to rob
✐ *Lo bajaron de la mula y le quitaron todo: dinero, tarjetas, celular, prendas, etc.*

bala fría: snack
SYN: tentempié, refrigerio
✐ *Me comí una bala fría antes de la cena, porque no aguantaba el hambre.*

bandera: 1) indiscrete or uninhibited person 2) something really good and astonishing
SYN: 1) indiscreto, irrespetuoso, desconsiderado 2) cartelúo, fino, calidad, criminal
ANT: 1) discreto, cauteloso, respetuoso 2) chimbo, balurdo, malo
✎ *1) Chamo, tú si eres bandera, apareciéndote aquí sin ser invitado. 2) El pantalón me quedó bandera.*

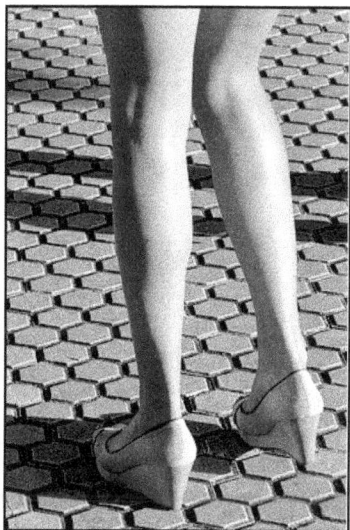

BATATA

batata: 1) yam 2) calf
✎ *1) El puré de batata tiene un delicado sabor dulce. 2) Fátima tiene las batatas gordas y por eso no le queda bien esa falda.*

batea: laundry sink, utility sink
SYN: artesa para lavar
✎ *Voy a lavar la ropa a mano en la batea.*

bebe caldo: the mouth
SYN: jeta, trompa, boca
✎ *Te voy a romper la bebe caldo.*

¡bestia!: holy mackerel, wow!
SYN: ¡Recórcholis!
✎ *¡Bestia! El partido duró más de cuatro horas.*

bicha: 1) bitch 2) whore
SYN: 1) malvada, perversa 2) puta, cualquiera

ANT: 1) santa; 2) recatada, decente, casta
✐ *1) Ten cuidado con esa bicha, que es capaz de cualquier cosa. 2) Esa mujer es una bicha, se acuesta con cualquiera.*

bien resuelto: with the works fully loaded, expression to indicate a kind of food prepared with all the condiments and the ingredients offered, usually applied to fast food
SYN: con todo, ful, bien provisto
ANT: pobre, escaso
✐ *Deme un perro caliente bien resuelto por favor.*

billetúo: wealthy, millionaire
✐ *Donald Trump es billetúo.*

birra: beer
✐ *Vamos a tomarnos una birras en el bar.*

18

BIRRA

bochinchar: to have fun in an exaggerated way
✐ *Los niños no dejan de bochinchar y tienen un desastre en el cuarto.*

bodega: a grocer's shop, most of the time a small and humble one
✐ *Anda a la bodega y me traes un kilo de arroz.*

bola: 1) rumor 2) testicle, ball
✐ *1) Hay bolas de que van a tumbar al gobierno. 2) Le dio una patada en las*

bolas y lo dejó estéril.

boleta: school report
✎ *Luciano sacó muy buenas notas en la boleta y la maestra lo felicitó.*

boliburguesía: the new Venezuelan wealthy class, created from beneficiaries of president Chávez's government
SYN: burguesía, clase corrupta
ANT: pobreza, honestidad, integridad

bollo: a ball made of dough boiled in water, the dough's mix is the same as the one used to make *arepas*
✎ *Fernando se comió dos bollitos en el desayuno.*

bolo: slang for bolivars, money
✎ *Estos audífonos valen 150 bolos.*

BOLO

bolsa: a useless person
SYN: inútil, bueno para nada
ANT: persona útil, hacendoso
✎ *Tu no eres más que un bolsa, no sirves para nada.*

BOMBA

bomba: 1) gas station 2) show off 3) to be

19

delayed for a non-significant reason
SYN: 1) estación de servicio 2) ostentar, darse postín 3) dilatarse
✎ 1) Voy a la bomba a poner gasolina. 2) Ella se da mucha bomba con su carro nuevo. 3) Deja de darte bomba y apúrate.

bonche: party
✎ Esta noche es el bonche en casa de Armando.

borrarlo: to forget it
✎ Ese trabajo no va, así que bórralo.

botar: 1) to waste 2) to fire
✎ 1) Bota esas sobras en la basura. 2) A Saúl lo botaron del trabajo ayer.

bozal de arepa: buying one's consciousness by getting political or economic privileges

SYN: prebenda
✎ Los militares tienen bozal de arepa, por eso es que no hacen nada en contra del gobierno.

brincapozo: a too short pant or sleeve
SYN: zancón, muy corto
✎ Esos pantalones te quedan brincapozos, ya no te sirven.

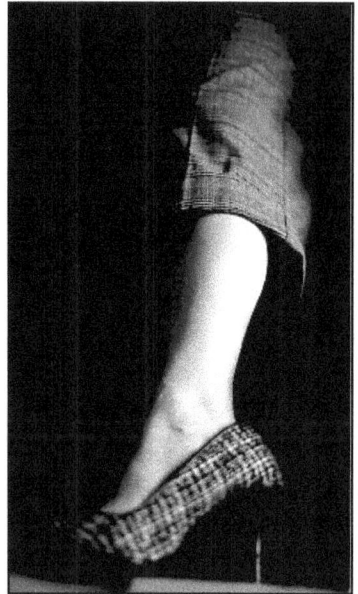

BRINCAPOZO

brutal: something amazing and impressive

🖉 *Chamo esa computadora está brutal. Quiero una igualita.*

buche y pluma: a person who appears smart but at the end he/she is not
SYN: mentiroso, pajúo
🖉 *Me explicaste pero no entendí nada. Tu eres puro buche y pluma.*

bulto: school bag
SYN: morral escolar, mochila escolar
🖉 *¿Ya guardaste tus útiles en el bulto?*

BULTO

burda: a lot of, too much of
🖉 *Estoy burda de cansado, me voy a dormir. / La película estuvo burda de buena.*

buzo: a person who leers at somebody
🖉 *María se separó de Juan porque era muy buzo.*

C

cabello chicha: curly hair
✐ Naomi tiene el cabello chicha y le cuesta hacerse un peinado.

CABELLO CHICHA

cabezón: pensive, thoughtful, broody
SYN: pensativo, meditabundo, intrigado
✐ Me quedé cabezona con lo que me contaste acerca de ella.

cable pelado: it is said when two people show signals of mutual attraction and other people notice it
✐ Carmen y Elvis tienen algo raro. Ahí como que hay cable pelao'.

cachapera: lesbian
✐ Ella es cachapera y su pareja es una mujer.

caché: an elegant, fancy or refined touch
✐ Las botas altas le dan caché a Marta.

cachifa: maid, servant
✐ Hoy la cachifa no vino a limpiar y la casa está sucísima.

CACHIFA

cacho: 1) infidelity 2) the lover of an engaged or married person

1) Le montó cacho a la esposa cuantas veces quiso. 2) Susana es el cacho del señor José.

caer como una patada en las bolas: to give a bad impression producing a bad feeling like a "kick in the nuts"
Tomás tiene un mal carácter. A mi me cayó como una patada en las bolas.

caer mal: to dislike somebody
No soporto a esa tipa, me cae mal desde el día que me mandó a callar.

caerse a palos: to drink a lot of booze, to get drunk
Se cayeron a palos en la fiesta y se pusieron impertinentes.

cagada: a bad mistake, wrongdoing
El presidente puso la cagada con las nuevas medidas que anunció.

cagado de zamuro: unlucky person
El pobre Jaime está cagao 'e zamuro, todo le ha salido mal.

cagarla: to make a big mistake, to do things incorrectly
La estás cagando con esa actitud tan negativa.

cagueta: 1) diarrhea 2) a coward, fearful person
1) Me dio una cagueta después de comerme esos mariscos. 2) Oscar es muy cagueta y nunca se va a atrever a enfrentar a Víctor.

calamar: an annoying person or situation
¿Vas a seguir con ese calamar de que te preste dinero? ¡Ya te dije que no puedo!

calentar la oreja: to seduce a person
SYN: caerle a alguien, zamurear, cortejar
✎ *Se ve que Pedro le está calentando la oreja a Cristina.*

caleta: 1) something hidden, a stash 2) stingy, cheap
✎ *1) Yo siempre tengo mi caletica para comprarme alguito de comer en las tardes. 2) ¡Oye, no seas caleta, contribuye con la causa!*

caliche: derogatory term for any Colombian
✎ *Los caliches pasaron la frontera por Táchira.*

caligüeva: boredom
✎ *Amanecí con una caligüeva, que no me provoca hacer nada.*

cámara: "hey!", short expression before saying "hello!"
SYN: ¡epa!, ¡eje!
✎ *¡Cámara! ¡Hola! ¿Cómo está la familia?*

camastrón: 1) a very big and heavy thing, usually referring to furniture 2) the plane of the president of Venezuela
✎ *1) No sé qué hacer con ese camastrón, porque me ocupa mucho espacio. 2) Todos los ministros se fueron de viaje con el Presidente en el camastrón.*

campanear: to shake an alcoholic drink with ice cubes while moving the glass with the hand in a swing, the sound produced is similar to the sound of bells
SYN: menear
✎ *Juan parece un viejo cuarentón de esos que campanean el trago mientras habla.*

candela: mischievous children or restless adults
SYN: tremendo, terremoto, indisciplinado
✎ *Hay que tenerle miedo a ese muchachito porque es candela, no le hace caso a nadie y hace desastres.*

cangrejo: a very difficult problem
✎ *Los policías no logran resolver el cangrejo de Amazonas.*

cantaleta: 1) a repetitive and annoying discourse, nagging or whining 2) a scolding or lecture
SYN: 1) discurso repetitivo e irritante, quejadera 2) regaño
✎ *1) Siempre me vienes con la misma cantaleta. 2) Esa cantaleta que nos echó tu papá me dejó mal.*

cantina: a small kiosk inside schools where the students buy breakfast like "*cachitos*" or "*empanadas*" and drinks
✎ *Hazme la cola en la cantina mientras voy a entregarle el libro a la maestra.*

cara amarrada: sour-faced, unfriendly
✎ *Quita la cara amarrada (de cañón, de culo) y sonríe un poco.*

carajito: 1) insulting term for a kid highlighting their youth 2) vulgar term for a young female mate or potential mate
SYN: 1) imberbe 2) polla
✎ *1) Tú estás muy carajito para estar dando órdenes. 2) Vamos a salir a buscar unas carajitas por ahí.*

caraota: bean
✐ *El pabellón es el plato típico nacional, que tiene caraotas negras, arroz, carne mechada y tajadas.*

CARAOTA

carne con papa: pornography
✐ *Luis tiene gratis el canal carne con papas.*

carrerita: a taxi ride
✐ *¿Pana, en cuanto me sale la carrerita de aquí al centro de Caracas?*

carretear: to carry unwillingly with something or someone
SYN: cargar, llevar a cuestas, soportar, lidiar
✐ *Ahora tendrás que carretear con ese problema que creaste.*

carricito: little kid
✐ *Los carricitos todavía no van para la escuela, están muy pequeños todavía.*

cartelúo: something that has a good quality, a good shape or looks, it is also applied to any pleasant situation
SYN: calidad, fino, arrecho
ANT: de mala calidad, feo
✐ *El afiche te quedó cartelúo mi pana.*

catire: a blonde
✐ *A Páez le decían "El Catire" porque era de piel y pelo claros.*

cayapa: 1) a gang assault perpetrated against a defenseless person 2) volunteer team work, no pay
SYN: 1) linchamiento 2) en grupo

1) Lo agarraron en cayapa y tuvieron que llevarlo al hospital por los golpes que recibió. 2) Sembraron el conuco en cayapa.

cédula (de identidad): Venezuelan ID
A los menores de edad les piden la cédula para entrar en el concierto.

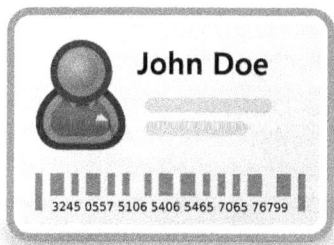

CÉDULA

cerrero: 1) wild, untamed 2) strong, unsweetened
SYN: 1) salvaje 2) cargado
ANT: 1) manso, doméstico
1) Ese caballo cerrero es indomable. 2) Yo me tomo el café cerrero:

cargado y sin azúcar.

cerro prendío: person with blond or red hair
El novio de Yusvelis es cerro prendío, el propio bachaco.

chamba: a job
Consígueme una buena chamba en la compañía donde trabajas.

chanchullo: an illegal business
SYN: guiso, fraude
La gente del condominio tiene un chanchullo con los trabajadores de la construcción.

chapear: it is said when a police officer shows people his badge to enter without problems or to skip a line, or receive some other advantage
El policía llegó al banco chapeó al vigilante y pudo pasar de primero en

la cola. ¡qué abuso!

chata: flat

chayota: 1) chayote squash 2) a dull person
SYN: 1) chayote 2) persona sosa
✐ *1) La chayota es un vegetal desabrido, pero al rellenarlo con queso y jamón, es más apetitoso.*
2) Carlos es muy chayota, no sabe divertirse.

chicha: a refreshing, non-alcoholic, and fermented beverage made with rice
✐ *La chicha es una bebida de origen indígena.*

chichón de piso: dwarf, very short person
✐ *Tania es un chichón de piso, apenas mide metro y medio.*

chiguire: a low class person
✐ *Yo conozco a ese chigüire. Él es del cerro.*

chimbo: something of poor or bad quality, also related to a bad situation
SYN: malo, de mala calidad, triste, desagradable, defectuoso, mal hecho, terrible
ANT: bueno, de buena calidad, agradable
✐ *¡Que chimbo que no puedas venir a mi fiesta!*

CHINCHORRO

chinchorro: hammock made with a loose braid
✐ *Voy a dormir la siesta en el chinchorro.*

chino or **china:** a little boy or girl
✐ *Dígale a los chinos que vengan a comer.*

chiripa: 1) a small cockroach 2) goofy, harmless name given to the vagina
SYN: 1) cucarachita 2) totona, cucaracha, cuca, charita, cucharita
✐ *1) La cocina está llena de chiripas. Tenemos que fumigar. 2) A Rosita se le ve la chiripa.*

chiva: used clothes
✐ *Mi prima me dio unas chivas que son de mi talla.*

chivo: a powerful person, a person with a high position, influence or authority
ANT: don nadie
✐ *Alfredo es tremendo chivo en la empresa, él es de los que mandan ahí.*

choro: thief

SYN: malandro, ladrón, bicho
✐ *Ese tipo tiene cara de choro. Esconde la billetera.*

chucuto: something that is not well finished or has a weird shape
SYN: feo, majunche, chaborro, chimbo, chucuto
✐ *Esa máscara te quedó chucuta.*

chulo: an opportunistic person living at the expense of an older member of the opposite sex who becomes his/her partner
✐ *Ese chamo se empató con la señora María por los reales. Es tremendo chulo.*

chupi chupi: popsicle, the long kind that are frozen in a plastic wrapper and pushed out as you eat them
✐ *Compré un chupi*

chupi de tamarindo, de fresa y otro de uva.

churuata: native hut made of straw, now very popular in tourist or recreational settings
SYN: choza
✎ *Vamos al bar de la churuata.*

churupos: money
✎ *Cuida los churupos y ve bien dónde los va a invertir.*

CHURUPOS

cidicero: a person that sells CDs or DVDs illegally
SYN: buhonero
✎ *El cidicero vende la película de Harry Potter en HD.*

clavar: to fail a test
SYN: raspar, no pasar
✎ *Clavé durísimo en el examen de cálculo.*

coba: lie
✎ *Eso es coba, yo estuve ahí y sé que es mentira.*

coco: head
SYN: cabeza, azotea
✎ *Me voy a tomar una pepa porque me duele el coco.*

COCO

cocos: woman's breasts
SYN: senos, tetas, lolas, melones
✎ *Laura se hizo los cocos. La cirugía fue*

carísima.

coger el ruta: to take the bus
✎ *Vamos a coger el ruta para ir a la playa.*

cola: a line formed to take turns to do something important in an institution, for example a bank
✎ *La cola para entrar al concierto era kilométrica.*

colegio: public school (only elementary school) and private school (from elementary to high school)
✎ *Sara no fue para el colegio porque se sentía mal.*

coletear: to mop the floor with a "coleto", or mop
SYN: trapear, limpiar, fregar el piso
✎ *Silvia estuvo coleteando el piso toda la mañana.*

colirio: a sexy person
SYN: deleite
✎ *Esos modelos son colirio para mis ojos.*

comeflor: to dress, talk or walk like a hippie, related to dreamers or naïve people
SYN: ingenuo, crédulo
ANT: vivo
✎ *Los comeflor venden artesanía en la calle.*

comer finta: to get punked
✎ *Pensó que se habían robado su carro y comió finta.*

comerse la luz: to run a red light
SYN: saltar la luz roja
✎ *El tipo se comió la luz y chocó al motorizado.*

comiquita: an amusing or ridiculous person
SYN: payaso
✎ *Deja la echadera de broma, te pasas*

de comiquita.

¿cómo es la vaina?: what?, what the heck?
SYN: ¿Cómo?, ¿Qué dices?
✏ *¿Que no te vas a casar?¿Cómo es la vaina?*

componerse: to be healed
SYN: curarse, sanar
✏ *Yo me voy a componer con el jarabe que me mandó el doctor.*

con todo: fully loaded, well stocked
✏ *Dame un asquerosito con todo, mi pana.*

concha de mango: a tricky question or situation arranged to prove how aware a person is, usually applied to certain questions of academic tests
✏ *No sé cómo me fue en el examen.*

Segurito que había una concha e' mango.

conchupancia: a negative alliance
SYN: alianza vituperable
✏ *Los políticos tienen una conchupancia para aprobar la ley que los beneficia a ellos.*

coñiza: a bunch of blows, ass whooping
SYN: caer a palos
✏ *A Mauricio le dieron una coñiza tremenda y terminó en el hospital con fractura en la cabeza.*

¡coño de la pepa!: fuck!

coño de madre: 1) a mischievous person or an evil person depending on the context 2) informal nickname given to a close friend

conuco: small lot of land for growing domestic produce
✐ *El conuco es un pequeño cultivo que utiliza técnicas poco avanzadas y es para consumo doméstico.*

corocoro: flamingo
✐ *Es una belleza observar los corocoros reunidos al atardecer.*

COROCORO

coronar: 1) to achieve a goal 2) to have sex
✐ *2) Por la cara que trae, yo creo que Antonio coronó* anoche.

cortar: to break up with a boyfriend or girlfriend
SYN: terminar, romper
ANT: ennoviarse, arrejuntarse
✐ *Corté con mi novio porque descubrí su infidelidad.*

cortar la nota: to cut off suddenly somebody's inspiration
SYN: cortar la inspiración, interrumpir
✐ *Estaba cantando inspirada y el grito de mi hermanito me cortó la nota.*

creyón: a person who believes in almost everything people say to him/her
✐ *Sigue creyendo que te vas a volver creyón.*

cuaima: 1) a very poisonous and agile snake 2) a

very aggressive and controlling woman, usually refers to an angry wife or girlfriend, a witch
SYN: 2) bruja
✐ *1) En estos lados hay cuaimas, ten cuidado porque son muy venenosas. 2) Anoche llegué tarde a la casa y la cuaima se puso furiosa, así que tuve que dormir en el sofá.*

cuajo: ugly woman
SYN: horrorosa, horrible, feísima
ANT: bellísima, preciosa, hermosísima
✐ *Esa tipa es un cuajo, es horrorosa.*

cuatro ojos: four eyes
SYN: cuatro pepas, gallo
✐ *El cuatro ojos ya viene en camino.*

cuca: 1) a typical food from the Venezuelan Andes, like a smooth sugar cookie 2) cunt
SYN: 1) catalina
✐ *1) Voy a comprar 10 cucas para llevar a Caracas. 2) Cuca es el nombre vulgar del órgano sexual femenino.*

cuchi: cute
✐ *¡Qué bebé más cuchi, provoca comérselo!*

cuchura: something or someone very cute
✐ *Ese vestidito es una cuchura.*

cuidado lo carotean por ahí: watch out! (said to warn women about the danger of being raped if they walk through a dangerous place)
SYN: cuidado te cogen por ahí
✐ *Si te vas a la fiesta ten cuidao que te carotean por ahí.*

culebra: 1) snake 2) resentment, quarrel
SYN: 1) serpiente
2) resentimiento,

querella, rollo, peo
1) La culebra no es venenosa. 2) Nelson tiene una culebra con Miguel porque él coqueteó con su novia.

culillo: to be afraid of something or someone, to be worried about the consequences of a specific event
Le dio culillo salir y prefirió quedarse en su casa.

culito: a temporary girlfriend
Cuando Mauricio tiene un culito se vuelve loco y le compra de todo.

curruña: buddy, pal
SYN: compinche, amigo íntimo, uña y carne
ANT: enemigo
Ellas son curruña, son inseparables.

D

dale: informal expression meaning "ok", "no problem", "cool"
SYN: si va, ok, no problem, chévere
Dale, nos vemos el viernes.

¡dale chola!: speed up! hurry up!
SYN: ¡Apresúrate!
¡Dale chola, que se nos hace tarde!

dale que no viene carro: to go ahead with any project / intention because there is no problem
SYN: dale, échale pichón, échale bolas
Si quieres empatarte con el chamo dale que no viene carro.

dar casquillo: to sow discord
SYN: meter cizaña
ANT: conciliar
A ella le encanta meterle casquillo

a Ezequiel para enemistarlo con sus amigos.

dar la cola: to give somebody a ride
SYN: dar un aventón
✐ *¿Me das la cola para mi casa?*

dar matarile: to kill somebody
SYN: matar, tronar
✐ *Los policías le dieron matarile al malandro cuando se quiso escapar.*

darse los besos:
to kiss somebody for the first time, an expression that describes the act of kissing like an important event
✐ *Fernando se dio los besos con María en la cancha del colegio.*

de a toque: to react with anger in front of another person without a particular reason; If the person is irritated and

you ask him/her something, he/she is going to answer you in a bad mood.
✐ *¡Cuidado!, no le preguntes nada a María porque está de a toque.*

¡de bolas!: of course!
SYN: de bolas que si
✐ *¡De bolas que está caro! Es de oro.*

de chiripa: by luck
SYN: por un pelo
ANT: plenamente, inevitablemente
✐ *Nos salvamos de ese accidente de chiripa.*

de pinga: 1) fine, alright 2) a nice person
SYN: 1) excelente, bueno 2) buena persona
ANT: 1) malo, aburrido 2) persona antipática o desagradable
✐ *1) La fiesta estuvo de pinga, la pasamos muy bien. 2) Karina*

es de pinga, nos trata de lo mejor.

dejar los pelos: to leave
SYN: irse, abandonar un sitio o a alguien
ANT: acompañar, quedarse
✎ Anoche me dejaron los pelos en la fiesta y me quedé solo.

despalomado: lousy
SYN: torpe, tosco
ANT: cuidadoso, meticuloso
✎ Javier es un despalomado, va tumbando todo lo que está a su paso.

diablo: 1) shit! 2) nickname among friends, usually gangs
SYN: 1) mierda, vergación, coño 2) el mío, bicho, sapo
✎ 1) ¡Diablo! Mira cómo quedó la casa después de la quemazón. 2) ¡¿Qué pasó diablo?! ¡Háblame!

¿dónde coño?:
"where the hell?" or "where the fuck?"

E

echado pa' lante:
enterprising, a hard
worker
SYN: emprendedor,
exitoso, trabajador
ANT: apocado,
achantado,
fracasado, flojo,
mediocre
✍ *Alberto es un tipo
echado pa'lante,
él estudia, trabaja
y tiene ganas de
superarse.*

echar los perros: to
flirt with someone,
most of the time,
people close to the
future couple, catch
them flirting
SYN: atacar, caerle a
alguien, coquetear
✍ *Jesús le está
echando los perros a
Claudia desde hace
un mes.*

echar picón: a term
used to describe
the moment when
a woman shows an
intimate part of her
body, especially
when she uses short
skirts and people can
see her panties or
part of her genitals.
✍ *Britney Spears
echó un picón y las
fotos aparecieron en
la prensa ese mismo
día.*

echar un polvo: to
have sex
SYN: tirar, coger

echar una mano: to
help somebody
SYN: ayudar,
colaborar
✍ *Échame una mano
ahí y pintamos la
casa más tarde.*

echarle coco: to think
about any idea to
solve a problem
✍ *Tengo que echarle
coco para saber
quién se quedó con
mi cuaderno.*

**echarse las bolas
al hombro:** to stop
working just because
SYN: echar carro,

38

echarse aire en las bolas
✒ *Andrés se echó las bolas al hombro y dejó el proyecto por la mitad.*

echársela: 1) to boast about having money or remarkable earnings 2) to have sex with somebody
SYN: 2) coronar, tirar
✒ *1) Te la echas de la gran cosa y no tienes dinero ni para un chachito. 2) Jorge se echó a Fernanda el viernes pasado y lo dijo como si nada.*

¡eco!: yuck!
SYN: ¡Qué asco!
ANT: ¡qué apetecible!
✒ *¡Eco, esa comida está podrida!*

el coñito ese: that little bastard, for a kid

¡el coño de su pepa!: you son of a bitch, shithead

el papá de los

helados: the leader or the boss
✒ *Aquí en la casa César es el papá de los helados.*

embarque: disappointment
✒ *La película fue un embarque, no me gustó nada.*

emparamado: completely wet
✒ *Elenita llegó emparamada porque se le quedó el paraguas.*

empate: 1) a relationship 2) a girlfriend or boyfriend
SYN: 1) noviazgo 2) novio
✒ *1) Ana y Vicente tienen un empate. 2) Vicente es el empate de Ana.*

empavar: to create bad luck
SYN: dar mala suerte
ANT: bendecir, aligerar las energías
✒ *Si te casas un*

martes 13 vas a empavar tu matrimonio.

empeparse: to fall in love with somebody
SYN: enamorarse, ilusionarse
ANT: desencantarse, desilusionarse
✐ *Me empepé con ese chamo desde el primer día que lo vi.*

en cambote: to be in a big group of people usually friends
✐ *Nosotros siempre vamos a la playa en cambote.*

ENCALETAR

encaletar: to hide
ANT: mostrar, compartir
✐ *Raúl tiene el whisky encaletado porque no quiere que se lo*

beban todo.

encanado: incarcerated, in prison
✐ *El primo de Alexander está encanado porque es un malandro.*

encarpado: to have a boner
SYN: excitado, tenerlo parado
✐ *Ese tipo esta encarpao desde que salió de la playa.*

enchavar: to ruin, give bad luck
SYN: dañar, desgraciar
ANT: bendecir, aligerar las energías
✐ *Vas a enchavar la fiesta invitando a esa gente tan negativa.*

enchufarse: to get benefits from political or economic power
✐ *Mario se enchufó porque es amigo del nuevo general.*

enconchado: to be hidden
SYN: escondido, agazapado
ANT: expuesto
✎ *Yo creo que el malandro está enconchao en la quebrada.*

encuartelado: to be inside a room for a long time
SYN: encerrado, entre cuatro paredes
✎ *Mi abuela vive encuartelada. No quiere salir a la calle porque le molesta el sol.*

enfriar el guarapo: to lose the motivation to do something
SYN: perder las ganas, desanimarse
ANT: estar entusiasmado, estar animado
✎ *Estuve a punto de hablarle al tipo que me gusta pero se me enfrió el guarapo.*

enguayabado: sad and depressed after breaking up with somebody
SYN: despechado
✎ *Mi hermano está enguayabado. Pobrecito, terminó con su novia después de 5 años.*

enrollado: a complicated or difficult person
SYN: persona complicada, difícil
ANT: sencillo, fácil
✎ *Soraya es muy enrollada y por eso esa relación se acabó.*

entrépito: busybody, meddler
✎ *¡Niña, no seas entrépita, ése no es asunto tuyo!*

¡epa!: hey!
SYN: ¡Hala!
✎ *¡Epa vale, qué bueno verte!*

eres un cagón: you're a dumbass

eschoretar: to damage, to destroy
📝 *El carro quedó eschoretado después del choque.*

esfloretar: to destroy a place or structure
SYN: destruir, volver ñoña, desbaratar
📝 *Los niños esfloretaron la torta con el bochinche que tenían.*

esguañingar:
to damage, to deteriorate, to break
📝 *Ya me esguañingaste la cartera que te presté, ¡No hay derecho!*

ESPICHAR

espichar: to have a flat tire
SYN: tener un pinchazo en un neumático
📝 *Se me espichó un caucho y lo tuve que cambiar.*

esplayarse: to stretch the body, to describe laying down in a very comfortable way
📝 *Diego llegó del trabajo, se esplayó en la cama y se quedó dormido.*

estar bueno: to be sexy
SYN: estar explotado, sexy, rico, atractivo
📝 *Ese chamo está más bueno que comer con las manos.*

estar como cucaracha en baile de gallina: to feel out of place, the literal translation is "to be like a cockroach in a hen's dance"
📝 *Yo estaba entre los doctores mientras hablaban de sus*

42

cosas y me sentía como cucaracha en baile de gallina.

estar en pico de zamuro: to be in danger, to be threatened
✐ Ese negocio está en pico de zamuro por la torpeza del gerente.

estar explotado: to be very sexy, attractive, very good looking
SYN: estar bueno, ser sexy, ser atractivo
ANT: ser feo, mal arreglado, de mal aspecto
✐ Con esos músculos, y esa mirada ese tipo está explotadísimo.

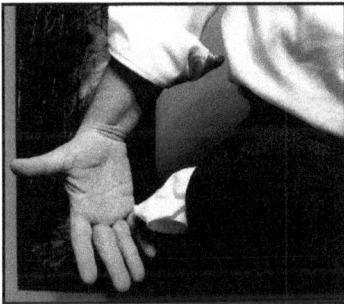

ESTAR MAMANDO

estar mamando: to have no money
✐ Están mamando pero hay que ver cómo les gusta ir a un restaurante.

estar pegado: to be unable to react quickly in any circumstance, to feel slow
SYN: estar en la nebulosa, estar en las nubes
✐ No te estoy entendiendo nada, estoy como pegada. Me siento decaída.

estar ponchado: struck out, to be out of place in certain situations

estar prendido: to feel happy after having some drinks
SYN: estar happy, estar alegre
✐ Laura se tomó dos vodkas y se prendió rapidito.

estar tostado: you're

nuts!
SYN: 'tas loco, 'tas frito, 'tas soyao
✐ *¡Chamo tu 'tas tostao!*

estirar la pata: to die
SYN: irse al otro mundo
✐ *El viejito estiró la pata el viernes pasado.*

ESTIRAR LA PATA

fajarse: to work hard, to make a strong effort, to focus on something
✐ *Alicia está fajada trabajando en su nuevo proyecto.*

fañoso: to talk nasally
✐ *Amanecí fañosa por la gripe que tengo.*

farandi: girl that likes to take pictures of herself to make them public in social networks like Facebook, these girls are considered to be narcissists
SYN: farandulera, narcisista, famaramallera
✐ *Ahí están las farandi tomándose fotos con el Blackberry.*

farandulero: a person who enjoys everything related to showbiz

No seas tan farandulera y ponte a estudiar, en vez de estar leyendo revistas de chismes todo el día.

filo: hunger
Tengo burda de filo, me voy a comprar algo de comer.

firi-firi: a very thin person
Ricardo era un firi-firi cuando era pequeño.

forrado: wealthy, rich
Esos corruptos están forrados con todo lo que han robado.

FRANELA

franela: t-shirt
El uniforme del colegio consiste en una franela azul y un blue jean.

fregado: strict, stern
Esas monjas son muy fregadas y no dejan que las niñas usen ningún tipo de maquillaje.

fregar la paciencia: to get on somebody's nerves
Mi hija no deja de fregarme la paciencia. Ahora raspó matemáticas.

FRIA

fría: a beer
Vamos a tomarnos

45

unas frías después del examen.

¡fuchi!: to express that there is a bad smell
SYN: asco, guácala, guácatela, eco
✎ *¡Fuchi! ¡Anda a bañarte que hueles a sudor!*

fuego: sure, you bet, yep, a word to express agreement when it comes to an invitation of any sort
SYN: si va, plomo, dale, chévere
✎ *¿Vamos al cine? ¡Fuego! ¿Quién paga?*

fumarse una lumpia: to be crazy, out of one's mind, nonsense
SYN: decir o hacer cosas sin sentido, ser insensato
ANT: tener buen juicio, sensatez
✎ *Tú como que te fumaste una lumpia. ¡¿Cómo se te ocurre hacerme un grafiti en frente de mi casa?!*

fundamentoso: well-behaved, obedient
✎ *Los hijos de Josefa son muy fundamentosos, no dan problemas.*

furruco: a musical instrument consisting of a drum with a stick in the middle, rubbed with the hands doing upward and downward movements
SYN: zambomba
✎ *Oswaldo es el que toca el furruco en el grupo.*

furular: to work, function
✎ *Ahora si furula la máquina.*

G

gafo: dumb
✐ *Sonia es muy gafa, nunca entiende los chistes.*

galleta: mess, confusion, chaos
✐ *Se formó una galleta en el estacionamiento y nadie podía entrar ni salir.*

gamelote: blabber, nonsense
✐ *El candidato habla puro gamelote, nada sustancioso.*

gañote: a very strong or loud voice
SYN: vozarrón
ANT: vocecita
✐ *Con ese gañote que tienes, todo el vecindario se entera de lo que hablas.*

gato: a tire jack
✐ *El gato estaba tan oxidado que se rompió cuando lo estaba usando.*

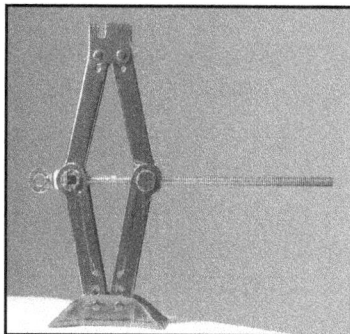

GATO

gocho: a dumb or stupid person, "gochos" are people from the Venezuelan Andes who are recognized as innocent and honest people
SYN: gafo, tonto, bobo, quedao, bobolongo
ANT: inteligente, pilas, avispado
✐ *¡Bueno chico pero no seas gocho! La respuesta correcta es la segunda.*

golpear la loza: to defecate, it is a funny way to express when people are going to take a shit
SYN: cagar, defecar, liberar a willy, soltar el

47

submarino
✐ *Con permiso, voy a golpear la loza.*

gozadera: a good time, party with friends and similar situations
SYN: fiesta, parranda, rumba
✐ *Estuvimos en una gozadera hasta las 5 de la mañana.*

gozón: it is said of a man who likes to have sex constantly or to do it with many women
SYN: mujeriego, pica flor
✐ *Juan es un gozón. Se echó a Juana, a María y ahora a Teresa.*

guabineo: to elude, to avoid
✐ *Deja el guabineo y enfréntalo de una vez.*

guacal: a wooden crate used mainly to transport fruits or vegetables
✐ *El camión de frutas se volcó y se rompieron casi todos los guacales con guayaba.*

guachafita: 1) a playful and fun situation 2) lack of discipline
SYN: 1) bochinche, alboroto, desorden, indisciplina
ANT: orden, calma, paz, disciplina
✐ *1) Los niños tenían una guachafita, y lo que se oían eran risas y más risas. 2) ¡Deja la guachafita y ponte a trabajar!*

guacuco: a medium-sized mollusk
✐ *Mi mamá prepara un sancocho de guacuco delicioso.*

guaral: a rope
SYN: cuerda, pabilo
✐ *Amarra esos caballos con el guaral que está en la silla.*

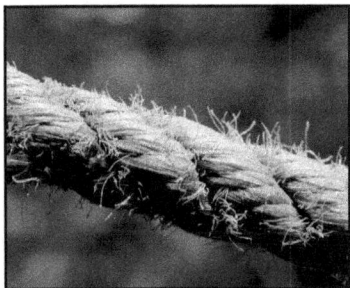

GUARAL

guarandinga: issue
SYN: guachafita, asunto
✎ ¿Cuál es la guarandinga? ¿Cómo que no te vas a casar con mi hija?

guarapo: hot drink to cure the cold or flu
✎ Me tomé un guarapo milagroso para la gripe.

GUARURA

guarura: a big-sized sea shell
SYN: cocha marina
✎ Los indios caribes usaban las guaruras como unas especies de cornetas, soplándolas para alertar sobre algún peligro.

guate' perro: an insignificant person, the literal translation is "a dog's shit"
SYN: pendejo, aguado
✎ ¡Qué pasó guate' perro!

guayoyo: mild, black coffee prepared with a cloth strainer
✎ Mi mamá me preparo un guayoyo bien sabroso esta mañana.

guillo: 1) watch out, be careful 2) a sort of spell against bad luck
SYN: 1) cuidado, precaución 2) ¡zape!
✎ 1) Ten mucho guillo con ese tipo, que no me inspira confianza. 2) ¿Un gato negro se te atravesó en el camino? ¡Guillo!

49

guindar: to sleep
✎ *Voy a guindar, estoy muy cansado.*

GUINDAR

guiso: a murky business or deal
✎ *Este ministro corrupto no pierde la oportunidad de hacer un guiso.*

H

hablar paja: to talk nonsense, to speak too much without saying anything important
SYN: ser pajúo, hablar gamelote
✎ *A ese diputado le encanta hablar paja. Lleva dos horas hablando y no ha respondido la pregunta.*

hacer la cruz: to label somebody as unpleasant
✎ *Le hice la cruz a esa señora después de que me insultó frente a todo el mundo. No merece mi respeto.*

hacer la segunda: to do / ask a favor
✎ *Hazme la segunda con la mudanza.*

hacerse el: to play dumb
SYN: hacerse el tonto
✎ *Me hice la loca*

(huevona, pendeja) y logré entrar a la reunión aunque no estaba invitada.

hacerse la paja: to masturbate
SYN: masturbarse, hacerse la manuela
✐ *Hacerse la paja es masturbarse.*

hierro: a gun
SYN: pistola, arma de fuego
✐ *El policía le quitó dos hierros al pran durante la requisa.*

HIERRO

huelepega: a person, often a child, addicted to sniffing glue
SYN: drogadicto
✐ *Los huelepega generalmente viven en las calles.*

huevo es que es: no way! heck no!, to deny something
SYN: ¡va sie' carajo!
✐ *¿Que yo te voy a aceptar ? ¡Huevo es que es!*

I - J

impelable: an opportunity you can't miss
✐ *Chamo la oferta de pasajes para Margarita es impelable.*

inmamable: unbearable, a pain
✐ *Chela es inmamable, nadie la soporta.*

jala mecate: butt-kisser
✐ *Hernán es un jala mecate que se arrastra con tal de agradar al supervisor.*

jamado: corpulent, muscular
SYN: corpulento, musculoso
ANT: enclenque
✐ *Simón se ha puesto jamado desde que se inscribió en el gimnasio.*

jamón: an erotic kiss using the tongue
✐ *Ramiro le dio un jamón a Raquel una vez que se hicieron novios.*

jeva: 1) gal, chick 2) girlfriend
SYN: 1) chica, muchacha 2) novia, pareja
✐ *1) Esa jeva es bien bonita. 2) Yelitza es la jeva de Jairo.*

jodedor: a person that enjoys being funny and making people laugh, a joker
SYN: echador de broma, bromista
✐ *Beatriz es muy jodedora y siempre está con sus bromas y*

JAMADO
52

chistes.

¡jódete!: fuck you!
✐ *No seas marico, jódete tu que ya yo trabajé mucho.*

jodía: very difficult situation
SYN: arrecho, difícil, pelúo
✐ *Bueno mi hermano no podemos hacer nada porque la vaina está jodía.*

jojotico: 1) a young person 2) not to be skilled enough to perform a specitic task
SYN: 1) carricito, muchachito, niñito 2) jojoto, novato
✐ *1) Ese jojotico no tiene ni 10 años y ya tiene novia. 2) Cuando yo estaba jojotico como profesor me ponía muy nervioso, pero después se me pasó.*

jubilarse: to evade from school or from the workplace
SYN: ausentarse, evadir responsabilidades
✐ *La directora citó a los padres del muchacho porque se estaba jubilando de las clases.*

jurungar: to rummage around
SYN: hurgar, registrar, buscar, fisgonear
✐ *¡Deja de jurungarte la nariz!*

L

la cochina: domino's double six piece
✎ ¡Saca la cochina!

LA COCHINA

la pelona: death
✎ Cuando la pelona me venga a buscar, espero tener mi conciencia limpia.

LA PELONA

ladilla: 1) pain in the ass, a bore 2) annoying person
SYN: 1) fastidio 2) persona fastidiosa

✎ 1) La clase de geografía es una ladilla, siempre me da sueño. 2) ¡Que ladilla con el profesor ese! Exige demasiado.

ladillar: to annoy
✎ No me ladilles, que estoy de mal humor.

lamparita: a person who is interfering with a couple's intimacy
✎ Me quedé de lamparita de Mónica y Juan cuando salimos al cine ¡qué incómodo!

lata: an informal way to say "passionate kiss"
SYN: tusa
✎ José le dio una lata a Marisa y después se fue.

lechúo: a lucky person
✎ Bernardo es un lechúo, siempre nos gana jugando cartas.

lepe: a light hit or slap given to someone to make him/her react or respond
✐ *El señor le dio un lepe a su hijo para que se pusiera derecho.*

limpio: without money
✐ *Lo robaron y le dejaron limpio, sin un centavo.*

lipa cervecera: a man's beer belly
✐ *Christián tiene que hacer ejercicio para que se le quite esa lipa cervecera.*

llantén: whining
SYN: lloriqueo, quejarse
✐ *¡Deja el llantén, que no podemos perder tiempo en tonterías!*

loca: gay, fag
✐ *Anoche una loca se puso a atacarme en la discoteca y tuve que irme.*

luca: one bolívar fuerte or former thousand bolivars (Venezuelan currency)
✐ *Me pagaron 10 lucas.*

LUCA

lumpia: a Chinese spring roll

LUMPIA

55

M

machete: 1) penis 2) something great, fine SYN: 1) huevo, verga, pipí, cambur 2) arrecho, buenísimo ANT: 2) malo, chimbo
✐ *1) Ese bicho tiene ese machete grande. 2) El trabajo me quedó machete, estoy muy contenta. / Ese hervido quedó machete.*

macundales: a person's belongings, stuff SYN: corotos, peroles, cosas, pertenencias
✐ *Saca todos tus macundales del carro.*

majunche: 1) a miserable person 2) poor quality, mediocre 3) a person that represents the right-wing in Venezuelan politics SYN: 1) chimbo, malo, feo, parapeteado 2) de mala calidad, mediocre
✐ *2) Este trabajo quedo majunche, no me gusta para nada.*

malandro: a thug, delinquent, a criminal SYN: bicho raro, delincuente, maleante, lacra, escoria, malechor
✐ *Esa esquina está llena de malandros. Mejor camina por la otra cuadra.*

mamado: to be exhausted
✐ *Estoy mamada, no paré ni un segundo en todo el día.*

mámalo: suck my dick
✐ *¡Quieres que te de mi tarea? ¡Mámalo!*

mamar gallo: to tease SYN: tomar el pelo
✐ *Laureano y Emilio estuvieron mamando gallo toda la tarde.*

mamonazo: a sharp

thrust
SYN: golpe certero
✍ *Le dieron un mamonazo en la cabeza con una piedra.*

manganzón: an adult that acts like a child, they usually have a dumb expression and are rejected by other people for being lazy
SYN: zangaletón
✍ *El hijo de Eulalia es un manganzón. No creo que consiga novia.*

manguangua: to get something very easily, without deserving it
✍ *Los altos funcionarios del gobierno ya no podrán seguir con la manguangua de saquear los fondos públicos.*

manuela:
masturbation
✍ *No tengo novia, así que no me queda otra que recurrir a manuela.*

maracucho: a person from the Zulia region
SYN: marabino
✍ *Yo tengo sangre maracucha porque mi mamá es zuliana.*

marica: a nickname used among girls
SYN: chama, gorda, bruja
✍ *Marica, no viste lo que me escribió Francisco.*

marico triste: 1) insulting term to address men that don't show strength in front of tough situations 2) insulting word per se
✍ *1) Francisco es un pobre marico triste.*

mariposa: fag, gay
✍ *Ese peluquero es mariposa, se ve muy afeminado.*

marramucia or **marramusia:** a conspiracy or an

illegal business

✎ *El gobernador hizo unas marramucias y cometió desfalco.*

martillar: to ask for money, for example when police ask for money (a bribe) instead of issuing a traffic fine
SYN: mojar la mano
✎ *El policía me agarró hablando por celular y me martilló con 200 bolos. / Leopoldo se la pasa martillando a sus amigos.*

más bueno que el coño: that's fucking good!

más enamorado que un perro chiquito: to be in love
✎ *Juan parece un carajito. Tiene 30 años pero está más enamorao que un perro chiquito.*

mata suegra: a firework that explodes and makes a thunderous noise
✎ *Compramos un mata suegra para lanzarlos en la fiesta de fin de año.*

matar un tigre: to have an informal job
SYN: trabajito
✎ *Salí de la universidad y me fui a matar un tigre pa' conseguir unos realitos. / Maté un tigre pintándole la casa a mi vecina.*

mateo: to perform a task without efficiency
✎ *Prácticamente no tuvimos clase. La profesora nos dio un mateo y salimos temprano.*

MATRIMONIO

matrimonio: wedding
✐ *Me invitaron al matrimonio de Pablo.*

me importa un coño: I don't give a shit

merienda de negro: a meeting of low class people
✐ *¡Eso es una merienda de negro, ni se te ocurra ir!*

mete casquillo: a person that sows discord among people in order to create an uncomfortable environment or a possible fight
SYN: sembrar cizaña
✐ *A la señora Luisa le encanta meter casquillo.*

metiche: busybody, meddler
✐ *No seas metiche, ése no es asunto tuyo.*

mijo: this term is a combination of the words *"mi"* and *"hijo"* (my son), it's a way to refer to someone that can be a term of endearment or can be also derogatory, depending on the tone and situation
SYN: hijo, corazón, papito
✐ *Mijo, llega temprano, que las calles están peligrosas.*

misifú: a way to talk about someone without mentioning their name
SYN: tulano
✐ *Misifú no quiso acompañarme.*

mocho: amputee
SYN: manco
✐ *¡Pobre niñito, es mocho, le falta un brazo!*

mojar la brocha: to fuck
SYN: coger, tirar
✐ *El señor Daniel se va de viaje de trabajo pero ese lo*

que quiere es mojar la brocha con la secretaria.

mojonear: to tell a lie
✐ *La vendedora te mojoneó porque eso era más barato.*

molido: tired, exhausted
SYN: cansado, fatigado, agotado, mamado, exhausto
ANT: fresco, descansado
✐ *Estoy molida, me voy a acostar.*

mondongo: 1) a soup made of pork guts, corn in the cob, potatoes, cassava, yam, herbs, etc. 2) a roll of belly fat
SYN: 1) sancocho 2) rollos de grasa, mondonguero, lipa
✐ *1) Mi mamá preparó un mondongo para la reunión familiar el domingo. 2) A Luisa se le salen todos los mondongos con esa*

ropa.

montar los cachos: when a man or a women is unfaithful to his / her partner.
✐ *Parece que la novia de Manuel le está montando los cachos.*

morsa: a person who prefers to stay in bed all day rather than doing a productive task at home or in any place required
✐ *Luis es tremenda morsa, no quiso ayudar a su mamá a arreglar la cocina.*

¡muérete!: you won't believe this!
SYN: ¡No lo vas a creer!
✐ *¡Muérete del chisme que me enteré en la oficina!*

muñeco de torta: dandy
SYN: dandi
✐ *José es un muñeco de torta, siempre*

60

está como para una sesión de fotos.

musiú: white foreigner from non Spanish-speaking countries
✎ *El musiú era alto y buenmozo, pero no le entendí nada.*

N - Ñ

na güevoná: fucking shit!
SYN: vergación, coño de su madre, na' guará
✎ *¡Na' güevoná ! Se prendió el peo en la cárcel!*

nave: a brand-new or gorgeous car
ANT: carcacha
✎ *¿Viste la nave que se compró mi vecino?*

negrito: an espresso coffee
SYN: café espresso
✎ *Sírveme un negrito corto, por favor.*

¡ni de verga!: hell no! no damn way!
✎ *¡Ni de verga voy yo solo a ese barrio tan peligroso!*

ni fu ni fa: when someone faces an ambiguous situation
✎ *No sé si se quedó o se fue, o sea ni fu ni*

fa.

no arrugues si no vas a planchar: it is said to warn a person to not turn somebody on if there is not going to have sex afterwards
✎ *Mejor quédate tranquila y no te me acerques. No arrugues si no vas a planchar.*

no hay güiro: there is no problem
SYN: no hay rollo, no hay culebra, no hay problema
✎ *Tranquilo pana, no hay güiro. Ya yo me voy.*

no joda: hell no! no damn way!
✎ *¡A mí nadie me humilla, no joda!*

nota: cool
SYN: bueno, estupendo, agradable
ANT: desagradable, malo

✎ *Teresa es una nota, me cae súper bien.*

ñángara: left leaning in politics
SYN: izquierdoso, comunista
ANT: fascista
✎ *Guillermo es ñángara y gran admirador del Ché Guevara.*

ñinga: a pinch
SYN: pizca
ANT: mucho
✎ *Él no me quiere ni una ñinguita, ¡Nada!*

obstinado: fed up
SYN: harto
✐ *Me tienes obstinado repitiéndome lo mismo una y otra vez.*

operación colchón: to have sex with a CEO or a boss, in order to get promoted at work
✐ *El señor Federico le aplicó operación colchón a la asistente.*

pachotada: a disrespectful and aggressive response
SYN: impertinencia, grosería
ANT: amabilidad, delicadeza
✐ *Inés me salió con una pachotada cuando le pedí que me ayudara.*

paco: cop
✐ *Los pacos están patrullando la calle.*

PACO

pagar la novatada: to make a mess in a specific situation because of lack of experience
✐ *Pensé que tenía todo bajo control el primer día de trabajo, pero arruiné el proyecto y pagué la novatada.*

paja: nonsense
SYN: tonterías, sandeces
✐ *Patricia se la pasa hablando paja de sus amigas y eso está mal hecho.*

pajúo: a person that

tells lies
SYN: mentiroso, embustero
✐ *Ese tipo es un pajúo. Me dijo que me iba a pagar ayer y todavía lo estoy esperando.*

¡pajúo!: you're a dumbass
SYN: ¡gilipollas!
✐ *¡Pajúo, vete a la mierda!*

palo: booze, a drink, a shot
✐ *Te invito a mi casa a tomarnos unos palos.*

PALO

palo de agua: 1) a man that seduces many women until he gets one 2) a rain shower, downpour, equivalent to "it's raining cats and dogs"
SYN: 2) chaparrón, aguacero diluvio
✐ *1) Cristóbal es un palo de agua, ahora le está cayendo a la vecina. 2) Esta mañana cayó un palo de agua que inundó toda la avenida.*

paloma: dick, cock
✐ *La paloma es otra denominación del pene.*

pana: buddy, pal
SYN: compañero, amigo, compinche, yunta, compadre, el mío
ANT: enemigo
✐ *Tranquilo mi pana, que yo te ayudo con eso.*

pantallear: to show off
SYN: ostentar,

64

exhibirse
✎ A Cecilia le encanta pantallear con su carro último modelo.

panza: 1) belly 2) cow or pork gut 3) easy
SYN: 1) barriga 2) callos, intestinos 3) fácil
✎ 1) Se te ve grandísima la panza con ese vestido de maternidad. 2) Voy a comprar panza en la carnicería para preparar unos callos a la madrileña. 3) Ese examen es panza, vas a salir bien.

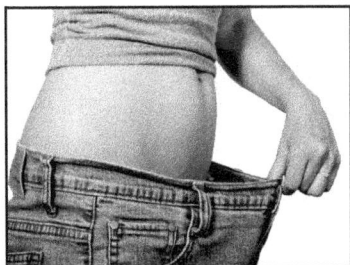

PANZA

papachongo: a flirtatious way to call a hot male, hottie
SYN: buenmozo, papacito, caramelo,

bonbon
✎ ¡Qué hombre tan papachongo, ojalá me invite a salir!

papagayo: a kite

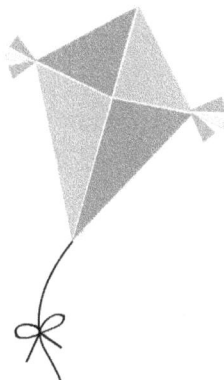

PAPAGAYO

papaya: easy
✎ Manejar es papaya, no tiene ninguna ciencia.

papear: to eat
SYN: jartar, tragar
✎ Vamos a papear que tengo un hambre parejo.

parar: to pay attention to
✎ Ese tipo está loco, no le pares.

pararle: to take into

account, to consider
Yo no le paro a lo que digan y hago lo que me parece.

parchita: a gay man
SYN: marico, partido, gay, pato, pargo
Ese pana se tiró tremendo chinazo. Yo creo que es parchita.

pargo: fag
SYN: maricón
Yo no sabía que Rock Hudson era pargo.

parrilla: barbecue
Me invitaron a una parrilla en casa de Francisco el domingo.

PARRILLA

pasado: abusive or disrespectful person
SYN: abusador, irrespetuoso

No seas pasado y compórtate.

pasar el páramo: to die
Yo creo que Juan pronto va a pasar el páramo.

pasarse de la raya: to show inappropriate behavior in any situation
Creo que ese estudiante se pasó de la raya cuando le gritó al director.

pastelero: a person that stops supporting the team of their country to support another country's team
No apoyas a la Vino Tinto pero gritas de corazón por el Madrid. Eres tremendo pastelero.

patacón: a tostón with white cheese, mayonnaise and ketchup, many variations exist

Dame un patacón bien resuelto por favor.

patiquín: well-groomed
SYN: petimetre
Fernando es un patiquín, siempre bien vestido y bien hablado.

patuque: 1) a sticky mess 2) excessive makeup
SYN: pegote
1) Daniela hizo un patuque en la cocina preparando la torta. 2) La mamá de Julia le mandó a lavar la cara y a quitarse ese patuque.

paviperro: a young man that dresses in a particular way and uses certain accessories to call a girl's attention, it's an indirect way of calling someone shallow
Últimamente Miguel se comporta como un paviperro.

pavonearse: to show off in front of people
SYN: lucirse, presumir
Cuando Jorge se compró la moto fue a pavonearse por la avenida.

pea: drunkenness
Anoche agarré una pea por todas las cervezas que me tomé.

PEA

pedir cacao: to ask for mercy, to surrender
SYN: rendirse
El contrincante pidió cacao y se rindió.

pegarla: to hit the

nail on the head
SYN: atinar, acertar, dar en el blanco
Yo sabía que esa era la respuesta correcta. ¡La pegué!

pela bolas: a person who has no money
SYN: limpio, frito
ANT: forrado, adinerado
Tu no te vas a casar porque eres un pela bolas.

pelar: to hit kids to make them quiet
SYN: dar una pela
¡Quédate tranquilo o si no te voy a pelar!

pelarse: to make a mistake, to be wrong
Compañero, usted se peló, eso no es así.

pelo malo: very curly hair, African type hair
Yelitza tiene el pelo malo y se lo quiere alisar.

pelúo: a hard, difficult task

Ese examen estuvo peluísimo, casi nadie lo pasó.

peñero: a very basic and simple motor boat used by artisanal fishermen and also used for tourist purposes
SYN: lancha
Los pescadores usan sus peñeros para pescar y también para llevar a los turistas a las islas cercanas.

peo: 1) fuss, chaos 2) scolding 3) fart
SYN: 1) rollo, confusión, desorden, caos 2) regaño 3) pedo, pluma
1) Se formó un peo durante la fiesta y se fueron a las manos. 2) Carmen le formó un peo a su esposo porque llegó tarde. 3) Emilio se tiró un peo y todos se rieron.

pepa de zamuro: an amulet that is like a

hard-shelled seed
SYN: amuleto
✐ *Mi tío me regaló una pepa de zamuro para la buena suerte.*

pepeado: great, excellent
✐ *El carro quedó pepeado después de que lo mandé a arreglar en el taller.*

perol: 1) any plastic recipient 2) stuff, any thing whose name is not remembered
SYN: 1) pote 2) cosas, pertenencias
✐ *1) Pásame ese perol. 2) Recogí mis peroles y me mudé.*

picado: a person who gets upset easily
SYN: persona propensa a indignarse o molestarse
ANT: persona sencilla, ligera
✐ *¡No seas picado que te lo dije en broma!*

piche: 1) a rancid food or beverage, a product that is out of date, rotting food 2) something worthless
SYN: 1) rancio, descompuesto 2) sin valor
ANT: 1) bueno 2) valioso
✐ *1) Esta leche está piche, sabe horrible. 2) Ese abogado tiene un título piche de una universidad mediocre.*

picón: to show private parts accidentally or to ogle them sneakily
✐ *Laura dio picón cuando cruzó las piernas con esa falda tan corta.*

pinta: elegant clothes, a great looking outfit
✐ *Erika se puso una pinta como si fuera para los premios Oscar.*

piquito: a little

innocent kiss
SYN: besito, latica
✎ *Manuel le pidió un beso a Laura y ella sólo le dio un piquito.*

pistolada: bullshit
✎ *Yo no me veo mal. Deja de hablar pistoladas.*

plomo: a shooting
SYN: tiroteo, balacera
✎ *Los policías echaron plomo contra los malandros.*

policía acostado: speed bump
SYN: resalto, lomo de burro, badén
✎ *Ve despacio, que en esta calle hay varios policías acostados.*

pollita: young girl
✎ *La pollita está en la fiesta de al lado.*

ponchera: a plastic recipient to keep water to do the laundry
SYN: pote, tambor
✎ *Llena la ponchera de agua que ya voy a lavar la ropa.*

poner la torta: to make a mess
✎ *Pusiste la torta completica cuando dijiste esa grosería.*

ponerse las alpargatas que lo que viene es joropo: get ready for a harsh time
✎ *Bueno ya subieron el dólar así que a ponerse las alpargatas que lo que viene es joropo.*

pran: the leader of a group of prisoners inside a jail
SYN: jefe, líder de banda
✎ *El pran de la cárcel del sur se escapó esta mañana.*

primero muerta que bañada en sangre: an expression that women use to demonstrate how vain they can be, translated as "I prefer to be dead than bloodstained"

Yo no me pongo ese trapo ni loca. Primero muerta que bañada en sangre.

puntal: afternoon snack
Los pastelitos andinos sirven para el puntal.

puya: one cent, penny
Me sobró una puya de la compra.

púyalo que va en bajada: 1) it's a funny expression used to make a car driver go faster when driving down a steep slope 2) to encourage someone to do something
SYN: dale chola, dale rápido, pisa la chola
ANT: bájale, espérate
1) Bueno ahora púyalo que va en bajada.

Q

¿qué coño es eso?: what the fuck is that?

¡qué huevo!: this is freaking boring / annoying!

qué loquera: what a crazy thing
SYN: ¡qué loco!, ¡que fumao!
Ahora los niños están actuando como adultos en la casa ¡Qué loquera!

¡qué peo!: this is a freaking mess!
¡Qué peo! ¡Cállense todos de una vez!

quedar como la guayabera: to be left out of a project or a group
SYN: fuera, negreado
Todos se reunieron, discutieron, decidieron y yo quedé como la guayabera.

quemazón: a fire
SYN: incendio,
candelero
✐ *Te pareces a Brad
Pitt después de la
quemazón.*

QUEMAZÓN

quesúo: horny
SYN: cachondo,
caliente
✐ *Abelardo está
quesúo, necesita
conseguirse una
novia.*

quiquirigüiqui: 1) love
affair 2) murky affair
SYN: 1) affair 2)
trampa, estafa
✐ *1) Esos dos tienen
su quiquirigüiqui
a espaldas de sus
esposo y esposa. 2) El
nuevo empleado hizo*

*un quiquirigüiqui con
los fondos de la caja
chica.*

R

rasca: drunkenness
✎ ¡Tremenda rasca que tienes, que no te puedes ni levantar!

raspa canilla: a party in a place that is not designed for such events
SYN: fiestón
✎ Allá en la hacienda hubo un raspa canilla de joropo que duró hasta las cinco de la mañana.

raspar la olla: to get the last bits of something whether it's the last food in a dish, or the last money out of a failing business
✎ Cuando el banco quebró los accionistas no esperaron para raspar la olla.

ratada: a bad action against somebody
SYN: marramusia
✎ Carla le hizo una ratada a Julio, le quitó la silla cuando se iba a sentar.

raya: a shame
SYN: vergüenza, desprestigio
ANT: orgullo, satisfacción
✎ ¡Qué raya, no sabía manejar los cubiertos!

rayarse: to be negatively labeled after an embarrassing moment
✎ A Pablito se le cayeron los pantalones en el colegio y se rayó para todo el año.

recostar el tostón: it happens when a man rubs his penis against a woman because they are in a crowded place
✎ Me recostaron el tostón en el metro ¡qué horrible!

repele: the leftovers of something, may

be food, money or anything that existed in a higher proportion
✎ *Después de la fiesta, lo que me pude comer fue el repele de tequeños fríos.*

resolver: to find an easy solution for any situation
✎ *¿Tienes hambre? Vamos a resolver con unos perros calientes.*

rochela: a playful and fun situation, lack of discipline
SYN: algaraza, bullicio, desorden
✎ *Cuando se reúnen los amigos, enseguida se forma una rochela y no paran de reír.*

roliberio: big, a lot of

rollo: 1) problem 2) fuss
✎ *1) Pórtate bien y no te metas en rollos con la maestra. 2) La vecina me formó un* rollo *porque mi carro estaba obstruyendo la entrada a su garaje.*

rompe colchón: seafood-based aphrodisiac cocktail, sold on Venezuelan beaches and it also works to energize people after a party
SYN: vuelve a la vida, 7 potencias
✎ *¡Lleeeva tu rompe colchón, siete potencias, vuelve a la vida!*

ruchar: to achieve a resounding, crushing victory, specifically in gambling
SYN: arrasar en una apuesta o juego de mesa
ANT: perder, ser derrotado
✎ *Amanda ruchó a todo el mundo anoche jugando cartas.*

ruletear: 1) to drive a hurt person to a

health care center, going from one to the next until they get the attention required, when a person is *"ruleteada"* it happens because there is no room for any more patients 2) to drive people through the streets against their will 3) to drive wandering, not having a goal or destination

✐ *1) Lucía iba a parir pero no consiguieron cama, así que la ruletearon toda la noche hasta que la aceptaron en el Universitario. 2) Los policías ruletearon al malandro hasta que les dijo dónde estaba el pran. 3) A Mario le encanta salir a ruletear con sus amigos.*

rumbear: to party
✐ *Vámonos a rumbear toda la noche.*

saca culo: a person who runs away from friends on a particular occasion.
SYN: vendido, mal amigo, vende patria
✐ *Dijiste que venías a mi fiesta pero te fuiste a la playa con tus panas. ¡Sí eres saca culo!*

sacar la piedra: to annoy
✐ *Me saca la piedra esa actitud tan pasiva de Gerardo.*

san pablera or **sampablera:** chaos, disturbances
SYN: caos, alboroto, rebulicio, bochinche, tángana
ANT: orden
✐ *Se armó la sampablera cuando el alcalde dijo que no iba a aumentar los sueldos de los empleados.*

sapo: a snitch, a

whistle-blower
SYN: boca floja,
lengua larga, soplón,
delator
✎ ¡Tu si eres sapo!
¿Por qué le dijiste a
mi mamá que rompí
el florero?

se jodió: to be fucked
up
✎ A mi no me
importa, si no vino se
jodió. No le voy a dar
el regalo.

**se le llenó el cuarto
de agua:** it is said
when a problem
reaches its limit
SYN: tener la soga al
cuello, tener el agua
hasta el cuello
✎ Al alcalde se le
llenó el cuarto de
agua. Ahora debe
responder por el
dinero perdido.

**se le volaron las
tejas:** to have mental
issues or to be insane
SYN: se volvió loco, se
fumó una lumpia
✎ A ese tipo como

que se le volaron las
tejas.

se te quema el arroz:
a wedgie
✎ Arréglate el
pantalón que se te
está quemando el
arroz.

seibó: a hutch
SYN: aparador
✎ Quiero comprar
el seibó que haga
juego con el
comedor.

sendo: tremendous,
great
✎ Ayer encontré
senda culebra en el
jardín, que medía
como dos metros.

ser limpio or **estar
limpio:** to have no
money
SYN: en la
carraplana, estar frito
ANT: tener dinero,
estar forrado
✎ Después de salir al
cine quedé limpio.

ser la flor del trabajo:

a person that pushes off and delays work

✐ *Esa secretaria es la flor del trabajo. Nunca tiene los informes cuando se necesitan.*

ser un coco: to be intelligent
SYN: piripipí, ser un huevo, gallo
✐ *Pablo es un coco. Arregló el problema de la máquina en 5 minutos.*

serruchar el puesto: to take someone's job or position at work
SYN: desbancar
✐ *José le serruchó el puesto y ahora Ciro se quedó sin trabajo.*

sifrino: a snob, a person who might not belong to the upper class but acts as if he/she does
SYN: estirado, respingado, clasista, arrogante
ANT: humilde
✐ *Esa chama si es*

sifrina. Nos mira como si fuésemos unos pobretones.

sin oficio: a person who has nothing to do
SYN: flojo, achantado, desganado, panzoneado
✐ *Pedrito es un sin oficio. Va a terminar en malos pasos si no se pone a trabajar.*

sobaco: a bad smell from the armpit
SYN: violín, mal sudor
✐ *Estaba en el Metro y había un tipo con un sobaco insoportable ¡qué asco!*

sobrao: a person that appears to be intelligent and highlight that quality with his / her actions
SYN: confiado, egocéntrico
✐ *Javier estaba dándoselas de sobrao porque pasó*

matemáticas.

solitaria: to be hungry, refers to an imaginary tapeworm
SYN: filo
✐ *Tengo una solitaria tremenda. Ni siquiera un pollo entero me llena.*

soltar la sopa: to say something that had been secret
✐ *Bueno suelta la sopa, ¿me montaste los cachos?*

soplar el bisteck: to seduce someone else's partner
SYN: pedalear la bicicleta, morder la arepa, bailar el indio
✐ *A Ramón le soplaron el bisteck.*

sute: dwarf, frail person
SYN: enteco, esmirriado, frágil
ANT: corpulento, fuerte, alto
✐ *Teodoro es sute y sus compañeros se burlan de él porque es bajito y débil.*

T

tablas: a hundred bolivars (bs.100) bill, the 100 bolivar bill is as brown as a plank (tabla)
✐ *Esta camisa te cuesta 100 tablas.*

taita: father
✐ *Mi taita manda en todo este terreno.*

TARAJALLO

tarajallo: a big and corpulent teenager
SYN: joven corpulento/ desarrollado
✐ *Daniel es un tarajallo, todos sus amigos son más bajos que él.*

tatequieto: a blow given from a person to another to make him/her quiet
SYN: trancazo, coñazo, carajazo
✐ *Dale su tatequieto pa' que deje el bochinche.*

te la comiste: to do an excellent job or performance
ANT: la cagaste
✐ *Te la comiste con esa actuación.*

tejo: the short expression of "te jodiste," or you're screwed
✐ *Bueno ese no es mi peo, tejo.*

tener caligüeva: to feel very lazy
SYN: tener flojera, tener ladilla
ANT: tener ánimo, tener ganas
✐ *Quisiera salir pero tengo una caligüeva muy grande.*

tener los ojos puyúos: wide-eyed, with ideas

of grandeur
A Iván se le pusieron los ojos puyúos cuando vio todo el dinero.

tequeñón: a big "tequeño" which is eaten as breakfast or as a *"bala fría,"* a snack
Cómprame un tequeñón y un jugo en la cantina.

tierrúo: redneck
SYN: persona chabacana
ANT: persona refinada
Esos amigos tuyos son unos tierrúos, no saben ni hablar.

tirar: to fuck
Tirar es equivalente a follar.

tobo: bucket
Tráeme el tobo lleno de agua para limpiar el piso.

todero: a person who is able to do many jobs
SYN: versátil, polivalente
Tomás es un todero, él es carpintero, plomero, albañil, jardinero, electricista y pintor.

TOBO

tombo: cop
Los tombos agarraron al tipo que nos robó.

toros coleados: a traditional contest that consists of catching the tale of a bull from horseback, in order to make it fall down to the ground
Me voy a Valencia a ver los toros

coleados.

tostada: 1) a crispy arepa 2) nuts, crazy
✐ *1) Yo quiero una tostada con queso blanco. 2) Ella está medio tostada, ahora se fue a la selva a hacer rituales mágicos.*

totona: cunt, pussy
✐ *La vagina también es llamada vulgarmente totona en Venezuela.*

trácala: trap, cheat
✐ *El empleado hizo una trácala en la empresa y lo despidieron.*

tragar: to eat quickly and swallow big amounts of food
SYN: jartar
✐ *¡Deja de tragar tanto que te vas a poner gordísima!*

tremendo:
mischievous, undisciplined

SYN: travieso, terremotico, candanga
ANT: tranquilo, calmado
✐ *El carajito de Luci es bien tremendo, no para de correr por el pasillo.*

tripear: 1) to have a good time with friends 2) to have a good feeling about a situation
SYN: pasarla bien, pasarla tripa
ANT: mal tripear, pasarla mal
✐ *Tripeamos burda en la fiesta de Carlitos.*

tronera: a pothole
✐ *Mario chocó el carro contra un árbol por esquivar una tronera que había en la vía.*

¡tu madre!: 1) your mother, similar to "you fucking shithead" 2) the last part of the expression

"coño e' tu madre", usually it is answered with the phrase "la tuya"
SYN: 2) la madre que te parió, coño de madre
🖎 2) Le mando saludos a tu madre! ¡La tuya!

tumbarrancho: a popular and high-powered explosive firework
🖎 Yo no dejo que mis hijos jueguen con tumbarranchos porque son muy peligrosos.

tuqueque: lizard, salamander
🖎 Encontré un tuqueque en mi baño y me dio asco.

tuyuyo: a swollen area in the body
🖎 Doctor, tengo un tuyuyo en el brazo como un bola de ping-pong.

U - V

un pelo: a little bit, a little moment
SYN: un momentico, un poquito, un pelito
🖎 Aguanta un pelo que ya va a llegar José, no te vayas.

una joyita: a person that is not well treated because of their misbehaving
SYN: manganzón, bichito
🖎 Ahí viene la joyita esa, ¡ni siquiera lo mires!

vaca: a collection of money for a common purpose
SYN: colecta
🖎 Vamos a hacer una vaca para comprarle un regalo a Reinaldo.

vacilón: 1) a funny person that enjoys jokes and having a good time with people 2) a very good time spent with

friends
SYN: jodedor, tripeo, bochinche
📝 1) Tu primo es un vacilón, deberías invitarlo a la fiesta. 2) La fiesta de anoche fue tremendo vacilón.

vale: pal
📝 ¡Cónchale vale, tú si eres buena gente!

¡vale!: an interjection to call somebody's attention or to emphasize any feeling
📝 ¡Mira vale! Dame permiso que necesito pasar. / ¡Cónchale vale! qué problema con el metro.

verga: dick
SYN: pinga, pito, piripicho, pipe
📝 Yo creo que ese carajo tiene la verga parada.

vergajo: an insulting word, for a weak person

SYN: güevón, coño e' madre
📝 ¡Tu no eres mas que un vergajo! ¡Vete de aquí!

¡vete pa'l coño!: go to hell

Vino Tinto: literally "red wine" but refers to the Venezuelan national soccer team

viva la pepa: 1) a person that lives without concerns or responsibilities 2) a promiscuous person
SYN: sin vergüenza, fresco, despreocupado
📝 1) Felipe es un viva la pepa. Pidió permiso en el trabajo y ahora se va de viaje a Margarita. 2) Laura es una viva la pepa. Cambia de novio todas las semanas.

volado: impulsive, easily angry
📝 Sandro es muy

*volado y enseguida
se molesta.*

vuelto leña: a
destroyed place
SYN: vuelto ñoña,
vuelto nada
✐ *El hospital quedó
vuelto leña después
del incendio.*

yeyo: a faint
✐ *A Marisela le dio
un yeyo y llamaron al
médico.*

yunta: a friend,
usually applied
between men
SYN: pana, el mío,
amigo, carnal,
compadre, guaro
✐ *¡Qué pasó yunta!
¿Todo fino?*

zampar: to hit
somebody
SYN: espernancar
✐ *Te voy a zapar una
cachetada que te va
a doler hasta el alma.*

zamuro: 1) a black
vulture 2) a person
who is waiting to take
advantage of others'
weaknesses or losses
3) a womanizer
SYN: 1) zopilote 2)
carroñero
✐ *1) Los zamuros son
aves de rapiña. 2)
Esos zamuros están
esperando que el*

viejo se muera para quedarse con sus cosas. 3) Ese zamuro no pela una, ya le está cayendo a otra tipa.

zaperoco: mess, confusion, chaos
SYN: alboroto, desorden
✎ *Hay un zaperoco armado dentro de la casa, voy a ver qué pasa.*

zarrapastrozo: a person that doesn't take care of their looks or hygiene
SYN: mamarracho, pata en el suelo
✎ *Pareces un zarrapastrozo de carretera. Anda a arreglarte.*

PHOTOS & ILLUSTRATIONS CREDITS

Page 3 Presentation. 1) 47 m Virgin and 3m dove By Photocapy via Flickr. http://www.flickr.com/photos/photocapy/351972046/ 2) Tabebuia chrysantha - Golden trumpet tree By Tatters:) via Flickr. http://www.flickr.com/photos/tgerus/6055549993/

Page 5 Presentación. 1) Bandera Venezolana By AlejandroAndres via Flickr. http://www.flickr.com/photos/aalarcon/283491680/ 2) diablo By ruurmo via Flickr. http://www.flickr.com/photos/rufino_uribe/148352153/

Page 12 Alpargata. By Photo taken by myself; 1632x1224 (392612 Byte) (Niemayer) [GFDL (http://www.gnu.org/copyleft/fdl.html) or CC-BY-SA-3.0 (http://creativecommons.org/licenses/by-sa/3.0/)], via Wikimedia Commons. http://commons.wikimedia.org/wiki/File:Espadrilles.jpg

Page 12 Amorochado. Week 2 By Luciano Meirelles via Flickr. http://www.flickr.com/photos/luciano_meirelles/4007803794/

Page 13 Amuñuñar. Cute exotic couple happily enjoying By LyndaSanchez via Flickr. http://www.flickr.com/photos/93963757@N05/8550835541/

Page 14 Argolla. Rainbow Hoop Earrings By honeybjewelry via Flickr. http://www.flickr.com/photos/honeybjewelry/1490198246/

Page 15 Asquerosito. By Renee

Comet (photographer) [Public domain], via Wikimedia Commons. http://commons.wikimedia.org/wiki/File:NCI_Visuals_Food_Hot_Dog.jpg

Page 17 Batata. Breaking the road legs By Oneras on Flickr. http://www.flickr.com/photos/oneras/4695702493/

Page 18 Birra. Public domain image License (CC0). http://pixabay.com/en/glass-cup-bottle-cartoon-mug-29461/

Page 19 Bolo. efectivo - cash By ruurmo via Flickr. http://flic.kr/p/7i7qu

Page 19 Bomba. By Pantsios (Own work) [CC-BY-SA-3.0 (http://creativecommons.org/licenses/by-sa/3.0)], via Wikimedia Commons. http://commons.wikimedia.org/wiki/File:Gas_Station.jpg

Page 20 Brincapozo. Leg By Katie Tegtmeyer via Flickr. http://www.flickr.com/photos/katietegtmeyer/141391168/

Page 21 Bulto. School bag Drawn by: Kib. CC0 PD Dedication. http://openclipart.org/detail/83317/school-bag-by-kib

Page 22 Cabello chicha. J Coat (BW) By lupzdut via Flickr. http://www.flickr.com/photos/10505805@N00/3118633213/

Page 22 Chibolo. cleaninglady By gea79on via Flickr. http://www.flickr.com/photos/gea79on/7689043728/

Page 26 Caraota. Black Beans By cookbookman17 via Flickr. http://www.flickr.com/photos/cookbookman/5684475740/

Page 27 Cédula. By OSA [CC-BY-SA-3.0 (http://creativecommons.org/licenses/by-sa/3.0)], via Wikimedia Commons. http://commons.wikimedia.org/wiki/File:Osa_id_card.svg

Page 28 Chinchorro. chinchorros.jpg By luiscam via Flickr. http://www.flickr.com/photos/luiscam/1631820630/

Page 30 Churupos. Avaricia I: Show me the money By NeoGaboX via Flickr. http://flic.kr/p/5yL49b

Page 30 Coco. Public domain image (CC0). http://pixabay.com/en/ache-adult-depression-expression-19005/

Page 33 Corocoro. Public domain image (CC0). http://pixabay.com/en/shadow-bird-wings-flamingo-long-45706/

Page 40 Encaletar. hiding By Lance Neilson via Flickr. http://www.flickr.com/photos/wactout81/5261826705/

Page 42 Espichar. By Frenkieb from Netherlands (Flickr) [CC-BY-2.0 (http://creativecommons.org/licenses/by/2.0)], via Wikimedia Commons. http://commons.wikimedia.org/wiki/File:Flat_tire.jpg

Page 43 Estar mamando. Empty Pockets By danielmoyle on Flickr. http://www.flickr.com/photos/danmoyle/5634567317/

Page 44 Estirar la pata. Public domain image (CC0). http://pixabay.com/en/dead-outline-drawing-skull-cartoon-30192/

Page 45 Franela. Public domain image (CC0). http://pixabay.com/en/red-black-back-green-blue-outline-34238/

Page 45 Fría. Public domain image License (CC0). http://pixabay.com/en/glass-cup-bottle-cartoon-mug-29461/

Page 47 Gato. By User Interiot on en.wikipedia (own-work) [Public domain], via Wikimedia Commons. http://commons.wikimedia.org/wiki/File:Jackscrew.jpg

Page 49 Guaral. Rope By Kham Tran via Flickr. http://www.flickr.com/photos/khamtran/5871479872/

Page 49 Guarura. Public domain image (CC0). http://pixabay.com/en/black-outline-drawing-white-32504/

Page 50 Guindar. Julie Goldsmith (#6228) by mark sebastian[/url], on Flickr. http://flic.kr/p/sKbvq under CC license Attribution-ShareAlike 2.0 Generic (CC BY-SA 2.0)

Page 51 Hierro. CC0 PD Dedication. http://openclipart.org/detail/4399/revolver-by-johnny_automatic

Page 52 Jamado. hunk Drawn by: bedpanner. CC0 PD Dedication. http://openclipart.org/detail/168616/hunk-by-bedpanner

Page 54 La cochina. Public domain image (CC0). http://pixabay.com/en/set-cartoon-games-tile-bone-34407/

Page 54 La pelona. Public domain image (CC0). http://pixabay.com/en/hood-skull-bones-death-skeleton-43617/

Page 55 Luca. By Unai txola (Own work) [GFDL (http://www.gnu.org/copyleft/fdl.html), CC-BY-SA-3.0 (http://creativecommons.org/licenses/by-sa/3.0/) or FAL], via Wikimedia Commons. http://commons.wikimedia.org/wiki/File:1bsa.jpg

Page 55 Lumpia. Vegetable Lumpia By punctuated via Flickr. http://www.flickr.com/photos/lainetrees/6718792515/

Page 58 Matrimonio. Public domain image (CC0). http://pixabay.com/en/sign-black-icon-rings-stick-23840/

Page 63 Paco. Public domain image (CC0). http://pixabay.com/en/head-people-man-police-person-37625/

Page 64 Palo. By Andreamicci (Own work) [CC-BY-SA-3.0 (http://creativecommons.org/licenses/by-sa/3.0)], via Wikimedia Commons. http://commons.wikimedia.org/wiki/File:Mitch_(cocktail).jpg

Page 65 Panza. Public domain image (CC0). http://pixabay.com/en/belly-body-clothes-diet-female-2473/

Page 65 Papagayo. Public domain image (CC0). http://pixabay.com/en/green-blue-yellow-outside-orange-48752/

Page 66 Parrilla. Public domain image (CC0). http://pixabay.com/en/barbecue-bbq-oklahoma-midwest-city-94681/

Page 67 Pea. Public domain image (CC0). http://pixabay.com/en/stick-symbol-people-man-guy-40577/

Page 72 Quemazón. Fire Icon Drawn by: Piotr Jaworski; CC0 PD Dedication. http://openclipart.org/detail/2242/fire-icon-by-zeimusu

Page 79 Tarajallo. Health beauty training body By LyndaSanchez via Flickr. http://flic.kr/p/e2BgB4

Page 80 Tobo. Public domain image (CC0). http://pixabay.com/en/house-water-pale-car-cartoon-24300/

www.ingramcontent.com/pod-product-compliance
Lightning Source LLC
Chambersburg PA
CBHW071625040426
42452CB00009B/1484

Quick Guide to More Venezuelan Spanish

In this second book on Venezuelan Spanish you will find more than 500 new words and phrases used regularly by Venezuelans. Used in combination with the original Quick Guide to Venezuelan Spanish you will have more than 1,000 terms to lead you to fluency in Venezuelan Spanish.

Each term has been defined in English and synonyms and antonyms are included when available. Most entries include example sentences. There are also 45 illustrations.

LANGUAGE BABEL, INC.

ISBN 9780983840596
9 780983 840596

90000 >